This book belongs to:

_____

Email

_____

Contact Number

_____

Signature Kisses
www.signaturekisses.co.uk

My Movie Reviews - Index Page

	Title	Genre
1		
2		
3		
4		
5		
6		
7		
8		
9		
10		
11		
12		
13		
14		
15		
16		
17		
18		
19		
20		
21		
22		
23		
24		
25		

My Movie Reviews - Index Page

	Title	Genre
26		
27		
28		
29		
30		
31		
32		
33		
34		
35		
36		
37		
38		
39		
40		
41		
42		
43		
44		
45		
46		
47		
48		
49		
50		

My Movie Reviews - Index Page

	Title	Genre
51		
52		
53		
54		
55		
56		
57		
58		
59		
60		
61		
62		
63		
64		
65		
66		
67		
68		
69		
70		
71		
72		
73		
74		
75		

My Movie Reviews - Index Page

	Title	Genre
76		
77		
78		
79		
80		
81		
82		
83		
84		
85		
86		
87		
88		
89		
90		
91		
92		
93		
94		
95		
96		
97		
98		
99		
100		

Movies To Watch

Title	Genre	Main Actor	✓

Movies To Watch

Title	Genre	Main Actor	✓

MOVIE:

Director:

Date Released:

Written by:

Genre:

Main Actors:

My Review

....
....
....
....
....
....
....
....
....
....
....
....
....
....
....
....

MEMORABLE SCENE

MOVIE NO:

MEMORABLE QUOTE

My Rating:

☆☆☆☆☆

MOVIE:

Director: _____   **Date Released:** _____

Written by: _____   **Genre:** _____

Main Actors: _____

My Review

....
....
....
....
....
....
....
....
....
....
....
....
....
....
....
....
....

MEMORABLE SCENE

_____
_____
_____
_____
_____
_____
_____

MOVIE NO:

MEMORABLE QUOTE

_____
_____
_____
_____
_____
_____
_____

My Rating:

☆ ☆ ☆ ☆ ☆

MOVIE:

Director: _____ Date Released: _____

Written by: _____ Genre: _____

Main Actors: _____

My Review

....
....
....
....
....
....
....
....
....
....
....
....
....
....
....
....
....

MEMORABLE SCENE

_____
_____
_____
_____
_____
_____
_____

MOVIE NO:

MEMORABLE QUOTE

_____
_____
_____
_____
_____
_____
_____

My Rating:

☆☆☆☆☆

MOVIE:

Director:

Date Released:

Written by:

Genre:

Main Actors:

My Review

....
....
....
....
....
....
....
....
....
....
....
....
....
....
....
....
....
....

MEMORABLE SCENE

MOVIE NO:

MEMORABLE QUOTE

My Rating:

☆ ☆ ☆ ☆ ☆

MOVIE:

Director: _____ **Date Released:** _____

Written by: _____ **Genre:** _____

Main Actors: _____

My Review

....
....
....
....
....
....
....
....
....
....
....
....
....
....
....
....

MEMORABLE SCENE

_____
_____
_____
_____
_____
_____
_____
_____

MOVIE NO:

MEMORABLE QUOTE

_____
_____
_____
_____
_____
_____
_____

My Rating:
☆☆☆☆☆

MOVIE:

Director: _____   Date Released: _____

Written by: _____   Genre: _____

Main Actors: _____

My Review

....
....
....
....
....
....
....
....
....
....
....
....
....
....
....
....
....
....
....

MEMORABLE SCENE

MOVIE NO:

MEMORABLE QUOTE

My Rating:
☆☆☆☆☆

MOVIE:

Director: **Date Released:**

Written by: **Genre:**

Main Actors:

My Review

....
....
....
....
....
....
....
....
....
....
....
....
....
....
....
....

MEMORABLE SCENE

MOVIE NO:

MEMORABLE QUOTE

My Rating:

☆☆☆☆☆

MOVIE:

Director:

Date Released:

Written by:

Genre:

Main Actors:

My Review

....
....
....
....
....
....
....
....
....
....
....
....
....
....
....
....
....
....

MEMORABLE SCENE

MOVIE NO:

MEMORABLE QUOTE

My Rating:
☆☆☆☆☆

MOVIE:

Director: Date Released:

Written by: Genre:

Main Actors:

My Review

....
....
....
....
....
....
....
....
....
....
....
....
....
....
....
....

MEMORABLE SCENE

MOVIE NO:

MEMORABLE QUOTE

My Rating:

☆☆☆☆☆

MOVIE:

Director:

Date Released:

Written by:

Genre:

Main Actors:

My Review

....
....
....
....
....
....
....
....
....
....
....
....
....
....
....
....
....
....
....

MEMORABLE SCENE

MOVIE NO:

MEMORABLE QUOTE

My Rating:
☆☆☆☆☆

MOVIE:

Director:

Date Released:

Written by:

Genre:

Main Actors:

My Review

....
....
....
....
....
....
....
....
....
....
....
....
....
....
....
....
....

MEMORABLE SCENE

MOVIE NO:

MEMORABLE QUOTE

My Rating:
☆☆☆☆☆

MOVIE:

Director: Date Released:

Written by: Genre:

Main Actors:

My Review

....
....
....
....
....
....
....
....
....
....
....
....
....
....
....
....
....

MEMORABLE SCENE

MOVIE NO:

MEMORABLE QUOTE

My Rating:
☆☆☆☆☆

MOVIE:

Director: _____ Date Released: _____

Written by: _____ Genre: _____

Main Actors: _____

My Review

....
....
....
....
....
....
....
....
....
....
....
....
....
....
....

MEMORABLE SCENE

MOVIE NO:

MEMORABLE QUOTE

My Rating:

☆☆☆☆☆

MOVIE:

Director: Date Released:

Written by: Genre:

Main Actors:

My Review

....
....
....
....
....
....
....
....
....
....
....
....
....
....
....
....
....

MEMORABLE SCENE

MOVIE NO:

MEMORABLE QUOTE

My Rating:
☆☆☆☆☆

MOVIE:

Director: **Date Released:**

Written by: **Genre:**

Main Actors:

My Review

....
....
....
....
....
....
....
....
....
....
....
....
....
....
....
....
....

MEMORABLE SCENE

MOVIE NO:

MEMORABLE QUOTE

My Rating:

☆☆☆☆☆

MOVIE:

Director:

Date Released:

Written by:

Genre:

Main Actors:

My Review

....
....
....
....
....
....
....
....
....
....
....
....
....
....
....
....
....
....

MEMORABLE SCENE

MOVIE NO:

MEMORABLE QUOTE

My Rating:

MOVIE:

Director: Date Released:

Written by: Genre:

Main Actors:

My Review

....
....
....
....
....
....
....
....
....
....
....
....
....
....
....
....
....

MEMORABLE SCENE

MOVIE NO:

MEMORABLE QUOTE

My Rating:
☆☆☆☆☆

MOVIE:

Director:

Date Released:

Written by:

Genre:

Main Actors:

My Review

....
....
....
....
....
....
....
....
....
....
....
....
....
....
....
....
....
....

MEMORABLE SCENE

MOVIE NO:

MEMORABLE QUOTE

My Rating:

☆ ☆ ☆ ☆ ☆

MOVIE:

Director: _____

Date Released: _____

Written by: _____

Genre: _____

Main Actors: _____

My Review

....

....

....

....

....

....

....

....

....

....

....

....

....

....

....

....

....

....

MEMORABLE SCENE

MOVIE NO:

MEMORABLE QUOTE

My Rating:

☆☆☆☆☆

MOVIE:

Director: _____ Date Released: _____

Written by: _____ Genre: _____

Main Actors: _____

My Review

....
....
....
....
....
....
....
....
....
....
....
....
....
....
....
....
....
....

MEMORABLE SCENE

MOVIE NO:

MEMORABLE QUOTE

My Rating:
☆ ☆ ☆ ☆ ☆

MOVIE:

Director: Date Released:

Written by: Genre:

Main Actors:

My Review

....
....
....
....
....
....
....
....
....
....
....
....
....
....
....
....

MEMORABLE SCENE

MOVIE NO:

MEMORABLE QUOTE

My Rating:
☆☆☆☆☆

MOVIE:

Director:

Date Released:

Written by:

Genre:

Main Actors:

My Review

....
....
....
....
....
....
....
....
....
....
....
....
....
....
....
....
....
....

MEMORABLE SCENE

MOVIE NO:

MEMORABLE QUOTE

My Rating:

☆☆☆☆☆

MOVIE:

Director: **Date Released:**

Written by: **Genre:**

Main Actors:

My Review

....
....
....
....
....
....
....
....
....
....
....
....
....
....
....
....

MEMORABLE SCENE

MOVIE NO:

MEMORABLE QUOTE

My Rating:

☆☆☆☆☆

MOVIE:

Director: 　　　　　　　　　　**Date Released:**

Written by: 　　　　　　　　　**Genre:**

Main Actors:

My Review

....
....
....
....
....
....
....
....
....
....
....
....
....
....
....
....
....
....
....

MEMORABLE SCENE

MOVIE NO:

MEMORABLE QUOTE

My Rating:
☆☆☆☆☆

MOVIE:

Director: Date Released:

Written by: Genre:

Main Actors:

My Review

....
....
....
....
....
....
....
....
....
....
....
....
....
....
....
....

MEMORABLE SCENE

MOVIE NO:

MEMORABLE QUOTE

My Rating:
☆☆☆☆☆

MOVIE:

Director: _____   Date Released: _____

Written by: _____   Genre: _____

Main Actors: _____

My Review

....
....
....
....
....
....
....
....
....
....
....
....
....
....
....
....
....
....

MEMORABLE SCENE

MOVIE NO:

MEMORABLE QUOTE

My Rating:
☆☆☆☆☆

MOVIE:

Director: Date Released:

Written by: Genre:

Main Actors:

My Review

....
....
....
....
....
....
....
....
....
....
....
....
....
....
....
....
....

MEMORABLE SCENE

MOVIE NO:

MEMORABLE QUOTE

My Rating:
☆☆☆☆☆

MOVIE:

Director:

Date Released:

Written by:

Genre:

Main Actors:

My Review

....
....
....
....
....
....
....
....
....
....
....
....
....
....
....
....
....
....
....

MEMORABLE SCENE

MOVIE NO:

MEMORABLE QUOTE

My Rating:

☆☆☆☆☆

MOVIE:

Director:

Date Released:

Written by:

Genre:

Main Actors:

My Review

....
....
....
....
....
....
....
....
....
....
....
....
....
....
....
....
....

MEMORABLE SCENE

MOVIE NO:

MEMORABLE QUOTE

My Rating:

☆☆☆☆☆

MOVIE:

Director:

Date Released:

Written by:

Genre:

Main Actors:

My Review

....
....
....
....
....
....
....
....
....
....
....
....
....
....
....
....
....
....
....

MEMORABLE SCENE

MOVIE NO:

MEMORABLE QUOTE

My Rating:
☆☆☆☆☆

MOVIE:

Director: _____   Date Released: _____

Written by: _____   Genre: _____

Main Actors: _____

My Review

....
....
....
....
....
....
....
....
....
....
....
....
....
....
....
....

MEMORABLE SCENE

_____
_____
_____
_____
_____
_____
_____

MOVIE NO:

My Rating:

☆☆☆☆☆

MEMORABLE QUOTE

_____
_____
_____
_____
_____
_____
_____

MOVIE:

Director:

Date Released:

Written by:

Genre:

Main Actors:

My Review

....
....
....
....
....
....
....
....
....
....
....
....
....
....
....
....
....
....
....

MEMORABLE SCENE

_____
_____
_____
_____
_____
_____

MOVIE NO:

MEMORABLE QUOTE

_____
_____
_____
_____
_____
_____
_____

My Rating:
☆☆☆☆☆

MOVIE:

Director: _____   Date Released: _____

Written by: _____   Genre: _____

Main Actors: _____

My Review

....
....
....
....
....
....
....
....
....
....
....
....
....
....
....
....
....

MEMORABLE SCENE

_____
_____
_____
_____
_____
_____
_____

MOVIE NO:

MEMORABLE QUOTE

_____
_____
_____
_____
_____
_____
_____

My Rating:

☆ ☆ ☆ ☆ ☆

MOVIE:

Director: Date Released:

Written by: Genre:

Main Actors:

My Review

....
....
....
....
....
....
....
....
....
....
....
....
....
....
....
....
....
....

MEMORABLE SCENE

MOVIE NO:

MEMORABLE QUOTE

My Rating:
☆☆☆☆☆

MOVIE:

Director:

Date Released:

Written by:

Genre:

Main Actors:

My Review

....

....

....

....

....

....

....

....

....

....

....

....

....

....

....

....

....

MEMORABLE SCENE

MOVIE NO:

MEMORABLE QUOTE

My Rating:
☆☆☆☆☆

MOVIE:

Director:

Date Released:

Written by:

Genre:

Main Actors:

My Review

....
....
....
....
....
....
....
....
....
....
....
....
....
....
....
....

MEMORABLE SCENE

MOVIE NO:

MEMORABLE QUOTE

My Rating:
☆☆☆☆☆

MOVIE:

Director: Date Released:

Written by: Genre:

Main Actors:

My Review

....
....
....
....
....
....
....
....
....
....
....
....
....
....
....
....
....

MEMORABLE SCENE

MOVIE NO:

MEMORABLE QUOTE

My Rating:
☆☆☆☆☆

MOVIE:

Director: _____   **Date Released:** _____

Written by: _____   **Genre:** _____

Main Actors: _____

My Review

....
....
....
....
....
....
....
....
....
....
....
....
....
....
....
....
....
....
....

MEMORABLE SCENE

_____
_____
_____
_____
_____
_____
_____

MOVIE NO:

MEMORABLE QUOTE

_____
_____
_____
_____
_____
_____
_____

My Rating:

☆☆☆☆☆

MOVIE:

Director: **Date Released:**

Written by: **Genre:**

Main Actors:

My Review

....
....
....
....
....
....
....
....
....
....
....
....
....
....
....
....

MEMORABLE SCENE

MOVIE NO:

MEMORABLE QUOTE

My Rating:

☆ ☆ ☆ ☆ ☆

MOVIE:

Director:

Date Released:

Written by:

Genre:

Main Actors:

My Review

....
....
....
....
....
....
....
....
....
....
....
....
....
....
....
....
....
....
....

MEMORABLE SCENE

MOVIE NO:

MEMORABLE QUOTE

My Rating:
☆☆☆☆☆

MOVIE:

Director:

Date Released:

Written by:

Genre:

Main Actors:

My Review

....
....
....
....
....
....
....
....
....
....
....
....
....
....
....
....
....

MEMORABLE SCENE

MOVIE NO:

MEMORABLE QUOTE

My Rating:

☆☆☆☆☆

MOVIE:

Director:

Date Released:

Written by:

Genre:

Main Actors:

My Review

....
....
....
....
....
....
....
....
....
....
....
....
....
....
....
....
....
....

MEMORABLE SCENE

MOVIE NO:

MEMORABLE QUOTE

My Rating:
☆☆☆☆☆

MOVIE:

Director: **Date Released:**

Written by: **Genre:**

Main Actors:

My Review

....
....
....
....
....
....
....
....
....
....
....
....
....
....
....
....

MEMORABLE SCENE

MOVIE NO:

MEMORABLE QUOTE

My Rating:

☆☆☆☆☆

MOVIE:

Director: _____

Date Released: _____

Written by: _____

Genre: _____

Main Actors: _____

My Review

....
....
....
....
....
....
....
....
....
....
....
....
....
....
....
....
....
....

MEMORABLE SCENE

_____
_____
_____
_____
_____
_____

MOVIE NO:

MEMORABLE QUOTE

_____
_____
_____
_____
_____
_____

My Rating:

☆☆☆☆☆

MOVIE:

Director: _____   Date Released: _____

Written by: _____   Genre: _____

Main Actors: _____

My Review

....
....
....
....
....
....
....
....
....
....
....
....
....
....
....
....
....
....

MEMORABLE SCENE

_____
_____
_____
_____
_____
_____
_____

MOVIE NO:

MEMORABLE QUOTE

_____
_____
_____
_____
_____
_____
_____

My Rating:

☆☆☆☆☆

MOVIE:

Director:

Date Released:

Written by:

Genre:

Main Actors:

My Review

....
....
....
....
....
....
....
....
....
....
....
....
....
....
....
....

MEMORABLE SCENE

MOVIE NO:

MEMORABLE QUOTE

My Rating:

☆ ☆ ☆ ☆ ☆

MOVIE:

Director: **Date Released:**

Written by: **Genre:**

Main Actors:

My Review

....
....
....
....
....
....
....
....
....
....
....
....
....
....
....
....

MEMORABLE SCENE

MOVIE NO:

MEMORABLE QUOTE

My Rating:
☆☆☆☆☆

MOVIE:

Director: 　　　　　　　　　　　Date Released:

Written by: 　　　　　　　　　　Genre:

Main Actors:

My Review

....
....
....
....
....
....
....
....
....
....
....
....
....
....
....
....
....
....
....

MEMORABLE SCENE

MOVIE NO:

MEMORABLE QUOTE

My Rating:
☆☆☆☆☆

MOVIE:

Director:

Date Released:

Written by:

Genre:

Main Actors:

My Review

....
....
....
....
....
....
....
....
....
....
....
....
....
....
....
....
....

MEMORABLE SCENE

MOVIE NO:

MEMORABLE QUOTE

My Rating:

☆☆☆☆☆

MOVIE:

Director:

Date Released:

Written by:

Genre:

Main Actors:

My Review

....
....
....
....
....
....
....
....
....
....
....
....
....
....
....
....
....

MEMORABLE SCENE

MOVIE NO:

MEMORABLE QUOTE

My Rating:

☆☆☆☆☆

MOVIE:

Director: Date Released:

Written by: Genre:

Main Actors:

My Review

....
....
....
....
....
....
....
....
....
....
....
....
....
....
....
....

MEMORABLE SCENE

MOVIE NO:

MEMORABLE QUOTE

My Rating:

☆ ☆ ☆ ☆ ☆

MOVIE:

Director: _____ **Date Released:** _____

Written by: _____ **Genre:** _____

Main Actors: _____

My Review

....
....
....
....
....
....
....
....
....
....
....
....
....
....
....
....
....

MEMORABLE SCENE

MOVIE NO:

MEMORABLE QUOTE

My Rating:

☆☆☆☆☆

MOVIE:

Director: Date Released:

Written by: Genre:

Main Actors:

My Review

....
....
....
....
....
....
....
....
....
....
....
....
....
....

MEMORABLE SCENE

MOVIE NO:

MEMORABLE QUOTE

My Rating:

☆☆☆☆☆

MOVIE:

Director: _____ Date Released: _____

Written by: _____ Genre: _____

Main Actors: _____

My Review

....
....
....
....
....
....
....
....
....
....
....
....
....
....
....
....
....
....
....

MEMORABLE SCENE

MOVIE NO:

MEMORABLE QUOTE

My Rating:
☆☆☆☆☆

MOVIE:

Director: Date Released:

Written by: Genre:

Main Actors:

My Review

....
....
....
....
....
....
....
....
....
....
....
....
....
....
....

MEMORABLE SCENE

MOVIE NO:

MEMORABLE QUOTE

My Rating:

☆☆☆☆☆

MOVIE:

Director:

Date Released:

Written by:

Genre:

Main Actors:

My Review

....
....
....
....
....
....
....
....
....
....
....
....
....
....
....
....
....
....
....

MEMORABLE SCENE

MOVIE NO:

MEMORABLE QUOTE

My Rating:

☆☆☆☆☆

MOVIE:

Director: Date Released:

Written by: Genre:

Main Actors:

My Review

....
....
....
....
....
....
....
....
....
....
....
....
....
....
....
....
....
....

MEMORABLE SCENE

MOVIE NO:

MEMORABLE QUOTE

My Rating:

☆☆☆☆☆

MOVIE:

Director: **Date Released:**

Written by: **Genre:**

Main Actors:

My Review

....
....
....
....
....
....
....
....
....
....
....
....
....
....
....
....
....
....

MEMORABLE SCENE

MOVIE NO:

MEMORABLE QUOTE

My Rating:
☆☆☆☆☆

MOVIE:

Director:

Date Released:

Written by:

Genre:

Main Actors:

My Review

....
....
....
....
....
....
....
....
....
....
....
....
....
....
....
....

MEMORABLE SCENE

_____
_____
_____
_____
_____
_____
_____

MOVIE NO:

MEMORABLE QUOTE

_____
_____
_____
_____
_____
_____

My Rating:

☆☆☆☆☆

MOVIE:

Director: _____   **Date Released:** _____

Written by: _____   **Genre:** _____

Main Actors: _____

My Review

....
....
....
....
....
....
....
....
....
....
....
....
....
....
....
....
....
....

MEMORABLE SCENE

MOVIE NO:

MEMORABLE QUOTE

My Rating:
☆☆☆☆☆

MOVIE:

Director: _____   Date Released: _____

Written by: _____   Genre: _____

Main Actors: _____

My Review

....
....
....
....
....
....
....
....
....
....
....
....
....
....
....
....
....

MEMORABLE SCENE

MOVIE NO:

MEMORABLE QUOTE

My Rating:
☆☆☆☆☆

MOVIE:

Director: _____   Date Released: _____

Written by: _____   Genre: _____

Main Actors: _____

My Review

....
....
....
....
....
....
....
....
....
....
....
....
....
....
....
....
....

MEMORABLE SCENE

MOVIE NO:

MEMORABLE QUOTE

My Rating:
☆☆☆☆☆

MOVIE:

Director: _____   Date Released: _____

Written by: _____   Genre: _____

Main Actors: _____

My Review

....
....
....
....
....
....
....
....
....
....
....
....
....
....
....
....
....

MEMORABLE SCENE

_____
_____
_____
_____
_____
_____
_____

MOVIE NO:

MEMORABLE QUOTE

_____
_____
_____
_____
_____
_____
_____

My Rating:
☆☆☆☆☆

MOVIE:

Director: Date Released:

Written by: Genre:

Main Actors:

My Review

....
....
....
....
....
....
....
....
....
....
....
....
....
....
....
....
....
....
....

MEMORABLE SCENE

MOVIE NO:

MEMORABLE QUOTE

My Rating:
☆ ☆ ☆ ☆ ☆

MOVIE:

Director: _____   Date Released: _____

Written by: _____   Genre: _____

Main Actors: _____

My Review

....
....
....
....
....
....
....
....
....
....
....
....
....
....
....
....
....

MEMORABLE SCENE

_____
_____
_____
_____
_____
_____
_____
_____

MOVIE NO:

MEMORABLE QUOTE

_____
_____
_____
_____
_____
_____
_____
_____

My Rating:

☆☆☆☆☆

MOVIE:

Director:

Date Released:

Written by:

Genre:

Main Actors:

My Review

....
....
....
....
....
....
....
....
....
....
....
....
....
....
....
....
....

MEMORABLE SCENE

MOVIE NO:

MEMORABLE QUOTE

My Rating:
☆☆☆☆☆

MOVIE:

Director: _____ Date Released: _____

Written by: _____ Genre: _____

Main Actors: _____

My Review

....
....
....
....
....
....
....
....
....
....
....
....
....
....
....
....
....

MEMORABLE SCENE

MOVIE NO:

MEMORABLE QUOTE

My Rating:
☆☆☆☆☆

MOVIE:

Director: **Date Released:**

Written by: **Genre:**

Main Actors:

My Review

....
....
....
....
....
....
....
....
....
....
....
....
....
....
....
....

MEMORABLE SCENE

MOVIE NO:

MEMORABLE QUOTE

My Rating:

☆☆☆☆☆

MOVIE:

Director: ⬚ Date Released: ⬚

Written by: ⬚ Genre: ⬚

Main Actors: ⬚

My Review

....
....
....
....
....
....
....
....
....
....
....
....
....
....
....
....

MEMORABLE SCENE

MOVIE NO:

MEMORABLE QUOTE

My Rating:
☆☆☆☆☆

MOVIE:

Director:

Date Released:

Written by:

Genre:

Main Actors:

My Review

....
....
....
....
....
....
....
....
....
....
....
....
....
....
....
....

MEMORABLE SCENE

MOVIE NO:

MEMORABLE QUOTE

My Rating:

☆ ☆ ☆ ☆ ☆

MOVIE:

Director: Date Released:

Written by: Genre:

Main Actors:

My Review

....
....
....
....
....
....
....
....
....
....
....
....
....
....
....
....

MEMORABLE SCENE

MOVIE NO:

MEMORABLE QUOTE

My Rating:

☆☆☆☆☆

MOVIE:

Director: **Date Released:**

Written by: **Genre:**

Main Actors:

My Review

....
....
....
....
....
....
....
....
....
....
....
....
....
....
....
....
....
....

MEMORABLE SCENE

MOVIE NO:

MEMORABLE QUOTE

My Rating:
☆☆☆☆☆

MOVIE:

Director:

Date Released:

Written by:

Genre:

Main Actors:

My Review

....
....
....
....
....
....
....
....
....
....
....
....
....
....
....
....
....
....

MEMORABLE SCENE

MOVIE NO:

MEMORABLE QUOTE

My Rating:

☆☆☆☆☆

MOVIE:

Director: _____ Date Released: _____

Written by: _____ Genre: _____

Main Actors: _____

My Review

....
....
....
....
....
....
....
....
....
....
....
....
....
....
....
....
....

MEMORABLE SCENE

MOVIE NO:

MEMORABLE QUOTE

My Rating:
☆☆☆☆☆

MOVIE:

Director:

Date Released:

Written by:

Genre:

Main Actors:

My Review

....
....
....
....
....
....
....
....
....
....
....
....
....
....
....
....
....
....
....

MEMORABLE SCENE

MOVIE NO:

MEMORABLE QUOTE

My Rating:
☆☆☆☆☆

MOVIE:

Director:

Date Released:

Written by:

Genre:

Main Actors:

My Review

....
....
....
....
....
....
....
....
....
....
....
....
....
....
....
....
....
....

MEMORABLE SCENE

MOVIE NO:

MEMORABLE QUOTE

My Rating:
☆☆☆☆☆

MOVIE:

Director:

Date Released:

Written by:

Genre:

Main Actors:

My Review

....
....
....
....
....
....
....
....
....
....
....
....
....
....
....
....
....
....

MEMORABLE SCENE

MOVIE NO:

MEMORABLE QUOTE

My Rating:

☆☆☆☆☆

MOVIE:

Director:

Date Released:

Written by:

Genre:

Main Actors:

My Review

....
....
....
....
....
....
....
....
....
....
....
....
....
....
....
....
....

MEMORABLE SCENE

MOVIE NO:

MEMORABLE QUOTE

My Rating:
☆☆☆☆☆

MOVIE:

Director: Date Released:

Written by: Genre:

Main Actors:

My Review

....
....
....
....
....
....
....
....
....
....
....
....
....
....
....
....

MEMORABLE SCENE

MOVIE NO:

MEMORABLE QUOTE

My Rating:

☆☆☆☆☆

MOVIE:

Director: _____   Date Released: _____

Written by: _____   Genre: _____

Main Actors: _____

My Review

....
....
....
....
....
....
....
....
....
....
....
....
....
....
....
....
....

MEMORABLE SCENE

_____
_____
_____
_____
_____
_____
_____

MOVIE NO:

My Rating:
☆☆☆☆☆

MEMORABLE QUOTE

_____
_____
_____
_____
_____
_____
_____
_____

MOVIE:

Director: _____ **Date Released:** _____

Written by: _____ **Genre:** _____

Main Actors: _____

My Review

....
....
....
....
....
....
....
....
....
....
....
....
....
....
....
....
....

MEMORABLE SCENE

MOVIE NO:

MEMORABLE QUOTE

My Rating:

☆☆☆☆☆

MOVIE:

Director: _____ Date Released: _____

Written by: _____ Genre: _____

Main Actors: _____

My Review

....
....
....
....
....
....
....
....
....
....
....
....
....
....
....
....
....
....

MEMORABLE SCENE

MOVIE NO:

MEMORABLE QUOTE

My Rating:
☆☆☆☆☆

MOVIE:

Director: _____ Date Released: _____

Written by: _____ Genre: _____

Main Actors: _____

My Review

....
....
....
....
....
....
....
....
....
....
....
....
....
....
....
....
....

MEMORABLE SCENE

MOVIE NO:

MEMORABLE QUOTE

My Rating:
☆☆☆☆☆

MOVIE:

Director: **Date Released:**

Written by: **Genre:**

Main Actors:

My Review

....
....
....
....
....
....
....
....
....
....
....
....
....
....
....
....
....

MEMORABLE SCENE

MOVIE NO:

MEMORABLE QUOTE

My Rating:

☆☆☆☆☆

MOVIE:

Director: _____   Date Released: _____

Written by: _____   Genre: _____

Main Actors: _____

My Review

....
....
....
....
....
....
....
....
....
....
....
....
....
....
....
....
....
....

MEMORABLE SCENE

MOVIE NO:

MEMORABLE QUOTE

My Rating:
☆ ☆ ☆ ☆ ☆

MOVIE:

Director: _____ Date Released: _____

Written by: _____ Genre: _____

Main Actors: _____

My Review

....
....
....
....
....
....
....
....
....
....
....
....
....
....
....
....
....
....

MEMORABLE SCENE

MOVIE NO:

MEMORABLE QUOTE

My Rating:
☆ ☆ ☆ ☆ ☆

MOVIE:

Director: **Date Released:**

Written by: **Genre:**

Main Actors:

My Review

....
....
....
....
....
....
....
....
....
....
....
....
....
....
....

MEMORABLE SCENE

MOVIE NO:

MEMORABLE QUOTE

My Rating:
☆☆☆☆☆

MOVIE:

Director: [   ]   Date Released: [   ]

Written by: [   ]   Genre: [   ]

Main Actors: [   ]

My Review

....
....
....
....
....
....
....
....
....
....
....
....
....
....
....
....
....
....
....

MEMORABLE SCENE

MOVIE NO:

MEMORABLE QUOTE

My Rating:
☆☆☆☆☆

MOVIE:

Director: **Date Released:**

Written by: **Genre:**

Main Actors:

My Review

....
....
....
....
....
....
....
....
....
....
....
....
....
....
....
....

MEMORABLE SCENE

MOVIE NO:

MEMORABLE QUOTE

My Rating:

☆☆☆☆☆

MOVIE:

Director: _____ Date Released: _____

Written by: _____ Genre: _____

Main Actors: _____

My Review

....
....
....
....
....
....
....
....
....
....
....
....
....
....
....
....
....
....

MEMORABLE SCENE

MOVIE NO:

MEMORABLE QUOTE

My Rating:
☆ ☆ ☆ ☆ ☆

MOVIE:

Director: _____   **Date Released:** _____

Written by: _____   **Genre:** _____

Main Actors: _____

My Review

....
....
....
....
....
....
....
....
....
....
....
....
....
....
....
....

MEMORABLE SCENE

_____
_____
_____
_____
_____
_____
_____

MOVIE NO:

MEMORABLE QUOTE

_____
_____
_____
_____
_____
_____
_____

My Rating:
☆☆☆☆☆

MOVIE:

Director: **Date Released:**

Written by: **Genre:**

Main Actors:

My Review

....
....
....
....
....
....
....
....
....
....
....
....
....
....
....
....
....

MEMORABLE SCENE

MOVIE NO:

MEMORABLE QUOTE

My Rating:
☆☆☆☆☆

MOVIE:

Director:

Written by:

Date Released:

Genre:

Main Actors:

My Review

....
....
....
....
....
....
....
....
....
....
....
....
....
....
....
....

MEMORABLE SCENE

MOVIE NO:

MEMORABLE QUOTE

My Rating:

☆☆☆☆☆

MOVIE:

Director: Date Released:

Written by: Genre:

Main Actors:

My Review

....
....
....
....
....
....
....
....
....
....
....
....
....
....
....
....
....
....

MEMORABLE SCENE

MOVIE NO:

MEMORABLE QUOTE

My Rating:
☆☆☆☆☆

MOVIE:

Director:

Date Released:

Written by:

Genre:

Main Actors:

My Review

....
....
....
....
....
....
....
....
....
....
....
....
....
....
....
....
....

MEMORABLE SCENE

MOVIE NO:

MEMORABLE QUOTE

My Rating:

☆☆☆☆☆

MOVIE:

Director:

Date Released:

Written by:

Genre:

Main Actors:

My Review

....
....
....
....
....
....
....
....
....
....
....
....
....
....
....
....
....
....

MEMORABLE SCENE

MOVIE NO:

MEMORABLE QUOTE

My Rating:
☆☆☆☆☆

MOVIE:

Director: _____   **Date Released:** _____

Written by: _____   **Genre:** _____

Main Actors: _____

My Review

....
....
....
....
....
....
....
....
....
....
....
....
....
....
....
....
....

MEMORABLE SCENE
_____
_____
_____
_____
_____
_____
_____

MOVIE NO:

MEMORABLE QUOTE
_____
_____
_____
_____
_____
_____

My Rating:
☆☆☆☆☆

MOVIE:

Director: _____   Date Released: _____

Written by: _____   Genre: _____

Main Actors: _____

My Review

....
....
....
....
....
....
....
....
....
....
....
....
....
....
....
....
....
....
....
....
....

MEMORABLE SCENE

MOVIE NO:

MEMORABLE QUOTE

My Rating:
☆☆☆☆☆

MOVIE:

Director: **Date Released:**

Written by: **Genre:**

Main Actors:

My Review

....
....
....
....
....
....
....
....
....
....
....
....
....
....
....
....

MEMORABLE SCENE

MOVIE NO:

MEMORABLE QUOTE

My Rating:
☆☆☆☆☆

MOVIE:

Director: _____ **Date Released:** _____

Written by: _____ **Genre:** _____

Main Actors: _____

My Review

....
....
....
....
....
....
....
....
....
....
....
....
....
....
....
....
....
....
....
....

MEMORABLE SCENE

_____
_____
_____
_____
_____
_____
_____
_____

MOVIE NO:

MEMORABLE QUOTE

_____
_____
_____
_____
_____
_____
_____
_____

My Rating:

☆ ☆ ☆ ☆ ☆

Movie Loan Record

Title	Loaned To	Borrowed From	Date Taken	Date Returned
Once Upon a time...	Jo			
Akira	"			
Scooby Doo	"			
The Third Man	Ellie		1/21	
Notorious	"		"	
Citizen Kane	"		"	
Jackie Brown	"		"	

Movie Loan Record

Title	Loaned To	Borrowed From	Date Taken	Date Returned

Movie Loan Record

Title	Loaned To	Borrowed From	Date Taken	Date Returned

Movie Loan Record

Title	Loaned To	Borrowed From	Date Taken	Date Returned

Notes

Notes

Notes

Notes

 **Favorite Movies**

Title	Main Actor

Favorite Movies

Title	Main Actor

Favorite Movies

Title	Main Actor

Favorite Movies

Title	Main Actor

Rotten Tomatoes Top 100 Movies of All Time

1. **The Wizard of Oz (1939)**

2. **The Third Man (1949)**

3. **Citizen Kane (1941)**

4. **Das Cabinet des Dr. Caligari. (The Cabinet of Dr. Caligari) (1920)**

5. **All About Eve (1950)**

6. **The Godfather (1972)**

7. **Inside Out (2015)**

8. **Modern Times (1936)**

9. **Metropolis (1927)**

10. **E.T. The Extra-Terrestrial (1982)**

11. **It Happened One Night (1934)**

12. **Singin' in the Rain (1952)**

13. **A Hard Day's Night (1964)**

14. **Boyhood (2014)**

15. **Snow White and the Seven Dwarfs (1937)**

16. Laura (1944)

17. North by Northwest (1959)

18. Repulsion (1965)

19. The Battle of Algiers (La Battaglia di Algeri) (1967)

20. King Kong (1933)

21. The Adventures of Robin Hood (1938)

22. Rear Window (1954)

23. Rashômon (1951)

24. The Maltese Falcon (1941)

25. Toy Story 3 (2010)

26. Toy Story 2 (1999)

27. Selma (2015)

28. Sunset Boulevard (1950)

29. The Bride of Frankenstein (1935)

30. M (1931)

31. The Philadelphia Story (1940)

32. The Treasure of the Sierra Madre (1948)

33. Taxi Driver (1976)

34. The 400 Blows (Les Quatre cents coups) (1959)

35. Up (2009)

36. Seven Samurai (Shichinin no Samurai) (1956)

37. Bicycle Thieves (Ladri di biciclette) (1949)

38. A Streetcar Named Desire (1951)

39. Zootopia (2016)

40. 12 Angry Men (Twelve Angry Men) (1957)

41. Dr. Strangelove Or How I Learned to Stop Worrying and Love the Bomb (1964)

42. Rebecca (1940)

43. The Night of the Hunter (1955)

44. The Conformist (1970)

45. Frankenstein (1931)

46. Rosemary's Baby (1968)

47. Finding Nemo (2003)

48. The Wrestler (2008)

49. L.A. Confidential (1997)

67. Chinatown (1974)

68. Cool Hand Luke (1967)

69. Mr. Turner (2014)

70. The Searchers (1956)

71. The Gold Rush (1925)

72. Before Midnight (2013)

73. The Terminator (1984)

74. Sweet Smell of Success (1957)

75. Short Term 12 (2013)

76. Mary Poppins (1964)

77. Let the Right One In (2008)

78. Shaun the Sheep Movie (2015)

79. The Wild Bunch (1969)

80. Mud (2013)

81. Playtime (1973)

82. The French Connection (1971)

83. Moonlight (2016)

Made in the USA
San Bernardino, CA
08 December 2017